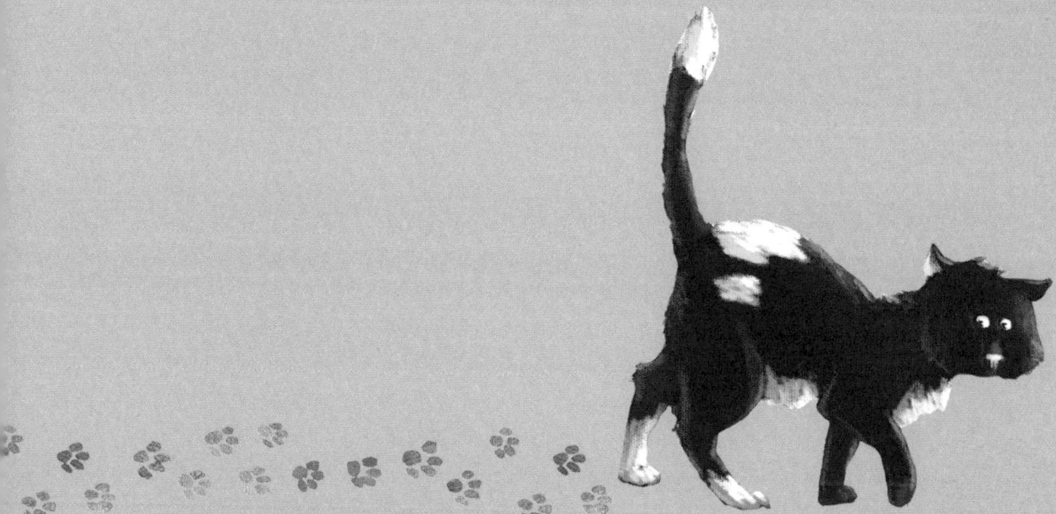

Monika Feth

Weihnachten steht vor der Tür

Monika Feth

# Weihnachten steht vor der Tür

Illustriert von Cornelia Haas

cbj ist der Kinder- und Jugendbuchverlag
in der Verlagsgruppe Random House

MIX
Aus verantwortungs-
vollen Quellen
FSC® C022120
FSC
www.fsc.org

Verlagsgruppe Random House FSC® N001967
Das für dieses Buch verwendete FSC®-zertifizierte Papier
*Maestro Print* liefert Mondi SCP, Ružomberok, Slowakei.

Gesetzt nach den Regeln der Rechtschreibreform

1. Auflage 2013
Neuausgabe als cbj Hardcover

Die Originalausgabe erschien1995 bei Patmos Verlag, Düsseldorf

Umschlagbild und Innenillustrationen: Cornelia Haas
Umschlagkonzeption: basic-book-design, Karl Müller-Bussdorf
SaS • Herstellung: kw
Satz: dtp im Verlag
Reproduktion: Reproline Mediateam, München
Druck und Bindung: TBB, a.s.
ISBN 978-3-570-15740-4
Printed in Slovakia

www.cbj-verlag.de

Ein Leben ohne Katzen ist möglich,
aber sinnlos.

*In Anlehnung an Loriot*

Für die wunderbaren Katzen,
die mein Leben bereichert haben –
ganz besonders Sir Henry und Molly.

*Monika Feth*

## 2. Dezember

Eigentlich fing alles ganz harmlos an. Ich lag auf meinem Platz auf der Fensterbank. Es war ekliges, schmieriges Nassepfotenwetter. Wässriger Schnee fiel aus dem grauen Himmel und drückte den Rauch aus den Schornsteinen nieder. Nur noch ein paar Grashalme guckten aus dem Matsch hervor. Die Körner, die Ellen am Morgen ausgestreut hatte, waren längst zugedeckt.

Ich beobachtete das zänkische Vogelvolk, das sich kalte Füße und Schnäbel holte, und freute mich diebisch darüber. Es fällt mir schwer, das zuzugeben, aber Ellen vergöttert Vögel.

Meine Ellen! Vögel!

Man darf ihr das nicht übel nehmen. Man muss Nachsicht üben. Sie ist erst neun und kennt den wahren Charakter dieser Fiederlinge noch nicht.

Ganz anders als der Mann, ihr Vater. Als Ellen sich zum Geburtstag einen Wellensittich wünschte, hat er es rundweg abgelehnt. Das nenne ich Weisheit.

Ein wild schnatternder, zeternder, flügelschlagender Wellensittich in unserem Haus? Igitt!

Ich sah diesen Schreihälsen also zu, wie sie sich um den einen oder anderen Sonnenblumenkern balgten, und schnurrte so vor mich hin.

Da sagte der Mann plötzlich: »Weihnachten steht vor der Tür.«

Es gibt zwei Dinge, die ich über alles liebe: Sardinen in Öl und Besuch. Rasch sprang ich von der Fensterbank und flitzte zur Haustür. Damit mir keines der Kinder zuvorkommen konnte. Die mögen zwar keine Sardinen, aber Besuch lieben sie auch. Und vor allem Fränzchen ist unheimlich schnell.

Weihnachten, über den sie seit Tagen unentwegt redeten – endlich sollte ich ihn kennenlernen!

Etwas war komisch, dass ich nämlich die Klingel überhaupt nicht gehört hatte. Besucher läuten, wenn sie ins Haus wollen. Und wenn die Klingel kaputt ist, klopfen sie an. Nichts davon. Kein Läuten, kein Klopfen. Und es machte auch niemand Anstalten, die Tür zu öffnen. Sogar Fränzchen blieb sitzen.

Na gut, hab ich gedacht. Vielleicht steht er einfach so vor der Tür, dieser Weihnachten, vielleicht will er gar nicht rein. Vielleicht ist er aber auch ein Vertreter, der Zeitungen verkaufen will. Einen Staubsauger. Oder ein ganz besonderes Katzenfutter. Vielleicht sammelt er gerade all seine Überredungskraft. Damit er nicht sofort wieder weggeschickt wird.

Aber warum sprachen sie dann seit Tagen über nichts anderes mehr? Kein Problem für mich. Durch den Flur, durch die Küche, ein Satz auf die Klinke und dann in die Vorratskammer. Von da aus hat man die Haustür gut im Blick. Rauf auf den Tisch und auf die Fensterbank.

Nichts. Niemand.

Auch auf der Zufahrt zur Garage nicht. Ich hab

dann kurz mal von der Buttercremetorte gekostet, die auf dem Tisch stand. Glücklicherweise hatte Fränzchen schon vor mir davon probiert und vergessen, den Deckel wieder drüberzustülpen. Rasch das Maul sauber geleckt und ganz harmlos wieder ins Wohnzimmer zurück. Dass ich Türen aufmachen kann, wissen sie nicht. Meistens gerät Fränzchen in Verdacht. Ich hab kein schlechtes Gewissen deswegen. Es ist der gerechte Ausgleich für all die Vasen, Schalen und Teller, die er kaputt gemacht und von denen er später behauptet hat, ich hätte sie runtergeworfen.

Weihnachten steht vor der Tür?

Ich hab mich dem Mann vor die Füße gesetzt und ihn lange angeguckt, um zu sehen, ob er gelogen hat. Ich hab's nicht erkennen können.

Er hat mir freundlich die Hand auf den Kopf gelegt. »Wieso bist du nur so unruhig heute?«

Ich zurück zu meinem Platz. Hab mich zusammengerollt und über die Unzuverlässigkeit der Menschen und ihrer Worte nachgedacht.

Heute früh hab ich dann den Entschluss gefasst,

mich in der Diele einzurichten. Zwischen der alten Truhe und dem Schirmständer. Obwohl es da zugig ist und ungemütlich. Weil ständig irgendwer kommt oder geht, die Haustür aufreißt und einen eisigen Luftschwall hereinlässt.

Ich halte eine Menge aus. In meinem Stammbaum gibt es immerhin eine ansehnliche Reihe hartgesottener Vorfahren. Mein Urgroßvater kam aus den Wäldern. Großvater war Herr über den ganzen Nordfriedhof. Vater war ein stadtbekannter Straßenkater, bevor er sich einem fahrenden Zirkus anschloss. Ein Haudegen mit zerfetzten Ohren und verfilztem Fell. Und Augen, die im Dunkeln leuchteten wie Scheinwerfer. Keine Mülltonne war vor ihm sicher, kein Dach war ihm zu hoch. Und die fetten Ratten im Donnersbach spuckten Gift und Galle vor Angst. Weil er sich sogar ins Wasser stürzte, um sie zu jagen.

Auch die Frauen in meiner Familie sind niemals verzärtelte Stubenkatzen gewesen. Sie waren ihr Leben lang leidenschaftliche Streunerinnen. Wild und kämpferisch und wunderschön.

Die elegantesten, hochnäsigsten Perserdamen verkümmerten neben ihnen zu platten Sofakissen. Dem Leben in der Diele bin ich also gewachsen. Mich wirft so leicht nichts um. Höchstens Fränzchen, aber der rennt schließlich alles nieder.

Nun bin ich bestens vorbereitet. Wenn Weihnachten kommt, muss er an mir vorbei. Ich werde der Erste sein, der ihn begrüßt. Wenn sie mich nur in Ruhe lassen würden. Ich bin doch ein freier Kater und kann frei entscheiden, wo ich mich aufhalten will. Aber nein.

Zuerst hat Marlene versucht, mich umzustimmen. Dann Ellen, die Vogelnärrin. Danach Fränzchen. Wenig später der Mann. Und jetzt kommt auch noch die Frau.

»Warum legst du dich nicht auf deinen Platz?«, fragt sie. »Was ist los mit dir?«

Ach ja … mein Platz im Wohnzimmer! Meine Kuscheldecke auf der Fensterbank, direkt über der Heizung. Mit Aussicht in den Garten und auf meine Lieblingsfeinde, die Vögel … Nicht schwach werden, befehle ich mir. Denk nicht an die köstlichen, kugeligen Meisen, die leckeren, struppigen Spatzen. Denk an Urgroßvater. Denk an Großvater und Vater. Und an Mutter, die sich irgendwo da draußen tagtäglich abrackern muss. Für einen mageren Fischkopf oder die kärglichen Reste eines Hähnchenschenkels.

»Also?« Die Frau krault mich sanft hinter den Ohren, da, wo ich es am liebsten mag. »Warum liegst du denn hier in der Kälte?«

»Weil ich auf Weihnachten warte«, maunze ich standhaft.

Sie beugt sich zu mir herunter und sieht mir tief und ratlos in die Augen. Menschen verstehen nun mal leider nur ihre eigene Sprache. Sie sind nicht übel, aber doch ziemlich beschränkt.

Ich mache die Augen zu. Ich kann es nicht leiden, wenn man mich anstarrt. Erst recht nicht mit diesem Was-hat-denn-unser-armer-kleiner-Kater-Blick. Als Nächstes räkle ich mich und schnurre, damit sie nicht auf falsche Gedanken kommt.

Das würde mir gerade noch fehlen, dass sie mich für krank hält und zum Tierarzt schleppt! Der sieht zwar aus wie ein Mensch, bewegt sich wie einer und redet auch so. Aber riechen tut er nach Mensch, Hund, Katze, Meerschweinchen, Papagei und Medizin. Er hat grobe Hände, die einem grauslich wehtun können.

Die Frau ist leicht zu beschwichtigen. Sie wirft mir einen letzten Blick zu und verschwindet. Gut.

## 3. Dezember

Keine Ahnung, wer Weihnachten ist. Bestimmt niemand, den ich kenne. An so einen Namen würde ich mich erinnern. Es erklärt einem ja auch keiner was. Man ist ja nur ein Kater.

Natürlich mache ich mir so meine Gedanken. Und dabei ist mir was aufgefallen: Um das große Geheimnis Weihnachten herum gibt es unzählige kleinere Geheimnisse.

Marlene hat zu ihrem zwölften

Geburtstag eine Steckpuppe geschenkt bekommen. Wenn man sie in der Mitte aufschraubt, findet man eine zweite Puppe darin. In der zweiten Puppe ist eine dritte versteckt. Und in der dritten eine vierte. Insgesamt sind sieben Puppen in der großen verborgen, eine kleiner als die andere. Wie Orgelpfeifen.

Wie Marlene, Ellen, Fränzchen und ich.

Mit dem Geheimnis Weihnachten ist es ähnlich. Nur dass darin bestimmt sieben mal sieben kleinere Geheimnisse stecken. So viele, dass einem davon ganz wirr im Kopf wird.

Seit Wochen rennen sie herum wie aufgescheuchte Hühner. Vor allem der Mann und die Frau.
Sie kaufen ein. Schleppen Taschen und Tüten ins Haus. Verstecken Sachen in Schränken, Schubladen

und Kommoden. Verschließen Türen und klimpern mit Schlüsseln und Schlüsselchen. Sie wissen genau, welche Wirkung knisterndes Papier auf mich hat. Aber an nichts komme ich heran. Und dabei soll man ruhig bleiben!

Nachts werde ich von Albträumen geplagt und tagsüber komme ich kaum zum Schlafen. Weil nichts ist wie sonst. Weil sich alle Geräusche und Gerüche verändert haben.

Die Frau backt Plätzchen, seit Wochen schon. Weihnachtsgebäck.

Muss einen Magen haben wie ein Pferd, dieser Weihnachten.

Zimtsterne, Schokoladennester, Dominosteine, Lebkuchen und Printen hat sie schon gebacken. Und jeden Tag probiert sie ein neues Rezept von ihrer Mutter aus.

Leider verschwinden all die Köstlichkeiten in großen, kalten Blechdosen. Und die werden ganz oben im Regal in der Vorratskammer verstaut. Damit Fränzchen nicht rankommt. Und damit ich nicht rankomme.

Weil Fränzchen ja bestimmt wieder vergessen würde, die Dosen zu verschließen.

Weihnachten verdreht der Frau den Kopf. Er macht aus ihr eine Rabenmutter. Statt die Kinder und mich anständig zu füttern, hortet sie alles für ihn.

# 4. Dezember

Der Mann hat die Krippenfiguren aus dem Keller geholt und malt sie frisch an.

Die Farbe stinkt.

Deshalb halte ich mich lieber fern von dem Mann. Obwohl er mir oft Leckerbissen zusteckt. Auch wenn dann die Frau mit ihm schimpft und behauptet, ich sei sowieso schon viel zu fett.

Fett!

Stattlich vielleicht, ein gut aussehender, stattlicher Kater. Und ein, zwei Häppchen zwischen den Mahlzeiten sind doch wirklich nicht der Rede wert.

Marlene lernt für ihre Weihnachtsaufführung. Wieder etwas für ihn, diesen Weihnachten. Eine ganz bestimmte Stelle, die sagt sie immer falsch. Die kann sie sich einfach nicht merken. Und dann bekommt sie einen Wutanfall, zerknickt ihr Textbuch und stampft mit dem Fuß auf. Wie ein zu groß geratenes Rumpelstilzchen.

Ellen übt für die Blockflötengruppe. Weihnachtslieder. Die Töne hüpfen durchs ganze Haus, schrill und falsch, zum Ohrenknicken. Das soll auch für Weihnachten sein. Wenn sie ihn mit dem Gejaule bloß nicht vertreibt!

Ich frage mich, wie er Ellen und ihrer Blockflötengruppe zuhören und Marlene in dem Stück zuschauen will. Beides findet nämlich gleichzeitig statt. Und an verschiedenen Orten.

Aber ich hab das Gefühl, diesem Weihnachten ist alles zuzutrauen. Würde mich gar nicht wundern, wenn er sich sogar verdoppeln könnte. Wie die Geisterkatzen in den Geschichten, die sich die Alten abends bei Vollmond erzählen.

Fränzchen bastelt.

Alle Fensterscheiben hängen schon voll. Rote Sterne. Grüne Sterne. Goldene und Silbersterne. Darunter krumme Kirchen und Hutzelhäuschen, windschiefe Tannen, dickbauchige Schneemänner und pflaumengroße Wattebauschflocken. Und für wen tut Fränzchen das alles? Obwohl er Basteln eigentlich hasst?

Obwohl er sich immerzu schneidet und schon übersät ist mit Pflasterstreifen?

Für Weihnachten natürlich.

Für wen sonst? Papierschnipsel fallen vom Tisch und kleben mir an den Pfoten fest. Der Klebstoff schmeckt fürchterlich.

## 5. Dezember

Andauernd reden sie von Weihnachten. Dass er bald kommt. Dass er jedes Jahr einmal kommt. Dass er ihnen viel Arbeit macht. Alle scheinen ihn zu kennen, nur ich nicht.

Ich passe höllisch auf.

Verlasse die Diele bloß noch, um zu fressen und danach einen kleinen Verdauungsspaziergang zu machen.

Es kommen auch eine ganze Menge Leute. Aber leider nur solche, die ich kenne. Oma und Opa. Tante Helene. Onkel Theodor. Dann natürlich der Postbote. Neuerdings bringt er haufenweise Weihnachtskarten.

Warum bloß? Weihnachten wohnt doch überhaupt nicht bei uns.

## 6. Dezember

Es läutete und ich fegte zur Tür. Die Frau machte auf und draußen stand ein Mann. Dicker roter Mantel, rote Kapuze, langer weißer Bart. Er trug einen schweren Sack auf dem Rücken und sprach langsam und gedehnt. Mit einer tiefen Brunnenstimme und außerdem in Reimen. »Von drauß' vom Walde komm ich her. Ich muss euch sagen, es weihnachtet sehr.«

Den Rest hab ich vergessen. Ich war auch viel zu aufgeregt, um weiter zuzuhören.

Es weihnachtet sehr! Ich hatte ihn entdeckt! Das war er, Weihnachten, und er stand wirklich und leibhaftig vor der Tür!

Ich machte einen Begrüßungsbuckel, strich ihm um die Beine und schnurrte. Als hätte ich den Motor von Fränzchens E-Lok verschluckt.

Fränzchen, der mich sonst immer zur Seite schubst, um selber an den Besuch heranzukommen, drückte sich an die Frau. Er zitterte erbärmlich und traute sich nicht mal, Weihnachten anzugucken.

Ich schnupperte an Weihnachtens Hosenbeinen. Irgendwie roch er sehr vertraut. Unheimlich vertraut. Endlich, dachte ich, endlich. Aber will ihn denn keiner hereinbitten?

Als hätte die Frau meine Gedanken gelesen, machte sie eine einladende Bewegung mit dem Arm. Erwartungsvoll streckte ich den Schwanz steil in die Luft.

Doch dann sagte sie zu ihm: »Komm herein, lieber Nikolaus.«

Nikolaus?

Das war schlimmer als eine kalte Dusche. Der Nikolaus bückte sich und wollte mich streicheln. Aber ich habe mein Knurren Alarmstufe zwei losgelassen und bin unter seiner Handschuhhand weggetaucht. Obwohl ich inzwischen wusste, an wen mich der Geruch erinnerte.

Der Hochstapler roch wie der Mann, und niemanden rieche ich lieber als ihn.

Er hat ein Stückchen Käse aus der Tasche gezaubert und es mir vor die Nase gehalten. Echten, weichen, verführerischen Leerdammer.

Aber ich bin nicht bestechlich.

Für jemanden, der fremde Gerüche stiehlt, sich als Weihnachten ausgibt und dann als schäbiger Nikolaus entpuppt, habe ich nur Verachtung übrig.

# 10. Dezember

Die Tage vergehen und Weihnachten zeigt sich nicht. Das erinnert mich an meinen ersten Maulwurf. Eine ganze Woche lang habe ich ihn belauert, bis ich ihn endlich gefangen hatte. Und dann kam Fränzchen und hat ihn mir abgenommen und mit viel Geschrei in Sicherheit gebracht.

In Sicherheit gebracht! Vor mir!

Manchmal beneide ich meinen Urgroßvater. Endlose, hoch gewachsene Wälder. Und kein maulwurfrettendes Fränzchen, keine vogelbesessene Ellen weit und breit. Das reine Paradies.

Fehlt nur noch, dass Marlene eine Leidenschaft für Mäuse entwickelt.

## 12. Dezember

Der Mann hat einen Weihnachtsbaum mitgebracht, vielleicht ein letzter Versuch, Weihnachten anzulocken, denn er war immer noch nicht da. Womöglich ist Weihnachten sehr scheu. Vielleicht strengen sich deshalb alle so für ihn an.

Der Baum steht auf der Terrasse, der kräftige Wurzelballen mit rauem Mull umwickelt. Ich nehme an, er soll Weihnachten geopfert werden. So wie man früher anderen Gottheiten Opfer brachte. Ob sie ihn verbrennen? Oder auf einen Altar legen, sich das Gesicht anmalen und fußstampfend um ihn herumtanzen?

Ich habe ihn beschnuppert. Er riecht, wie alle Tannenbäume riechen.

## 14. Dezember

Gestern habe ich etwas Sonderbares entdeckt: In anderen Häusern warten sie auch auf Weihnachten. Die Nachbarn haben einen alten, feigen Dackel, den Waldemar. Sie nennen ihn Waldi. Waldi!

So zwei-, dreimal die Woche gehe ich bei ihm vorbei, um seinen Napf leer zu fressen. Es würde Waldemar nicht einfallen, mich daran zu hindern, seit ich ihm einen kräftigen Hieb auf die Nase verpasst habe.

Es gab Leber.

Das ist nicht gerade mein Leibgericht, aber immer noch besser als stinkiger, fauliger Pansen.

Ich hockte also vor dem Napf und fraß. Waldemar saß ein angemessenes Stück von mir entfernt und beäugte mich. Teils feindselig, teils unterwürfig. Das Wasser lief ihm im Maul zusammen und er wimmerte leise. Weil er tatenlos mitansehen musste,

wie die Leber, Bröckchen für Bröckchen, in meinem Bauch verschwand.

Da hörte ich, wie in der Küche die Nachbarin von Weihnachten sprach.

Ich fauchte Waldemar ein bisschen an, nur um in Übung zu bleiben, und trollte mich auf die Terrasse, um zu lauschen. Und da lag ein Tannenbaum, genau wie bei uns. Nur dass dieser ein toter Tannenbaum war. Man hatte ihm die Wurzeln abgeschnitten und seine Zweige waren mit einem Strick gefesselt.

Augenblicklich hatte ich eine Wahnsinnswut auf diesen Weihnachten. Wie viele Opfer brauchte er denn noch? Wie viele Tannen würden für ihn verbrannt oder auf Altäre gelegt werden? Dieser Kerl ist alles andre als scheu, dachte ich. Dieser Kerl scheint ein ausgesprochenes Scheusal zu sein.

Eine böse Ahnung trieb mich in den Garten des übernächsten Nachbarn und dann in alle Gärten meines Reviers.

Tatsächlich.

Überall lagen gefällte Tannenbäume. Große und

kleine. Üppige und eher kümmerliche. Welche mit Wurzelballen und welche ohne. Hilflos warteten sie darauf, geopfert zu werden.

Wo eine Tür offen stand, schlich ich hinein. Überall wurde gebacken und gebastelt, geflüstert und heimlichgetan. Überall bereitete man sich auf Weihnachten vor.

Mir wurde schlecht.

Jetzt verstehe ich überhaupt nichts mehr. Ist er denn Herr über die ganze Stadt? Dieser Weihnachten macht mir allmählich Angst.

## 16. Dezember

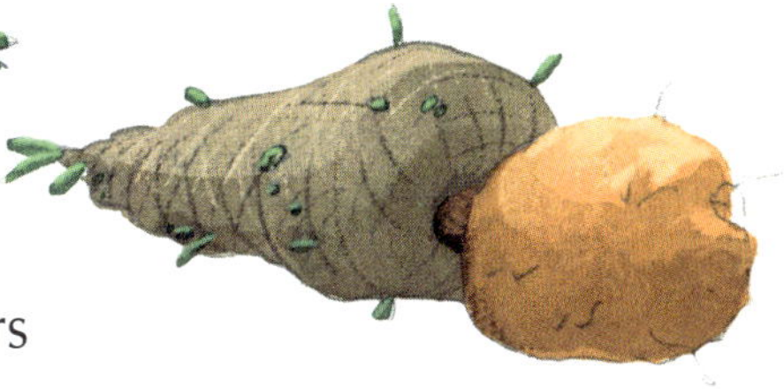

Und wenn Weihnachten ein Maulwurf ist? Ein besonders großes, samtiges Exemplar von einem Maulwurf?

Könnte doch möglich sein.

Dann muss ich unbedingt auf Fränzchen aufpassen. Er darf mir auf keinen Fall zuvorkommen. Für meinen Geschmack hält Fränzchen sich neuerdings sowieso viel zu oft in der Diele auf. Er sagt, er will mir Gesellschaft leisten. Fast sein ganzes Spielzeug hat er um mich verstreut. Ständig muss ich über Legosteine steigen. Ständig pappen mir Sticker an den Pfoten fest.

## 17. Dezember

Der Mann und die Frau schreiben Weihnachtskarten. Auch die Leute von Waldemar tun das.

Es wird immer rätselhafter.

Den Maulwurf habe ich von meiner Liste gestrichen. Was sollte ein Maulwurf mit Karten anfangen?

## 20. Dezember

Ich habe Waldemar gefragt, ob *er* weiß, wer Weihnachten ist. Das hat mich eine Menge Überwindung gekostet und dann war es auch noch ganz umsonst. Waldemar ist nämlich nicht nur feig, er ist auch blöd.

Natürlich hat er es nicht gewusst. Das hat er aber nicht zugegeben.

Er hat steif und fest behauptet, Weihnachten sei ein Festessen irgendwann im Dezember.

Ein Festessen!

»Mein Mann hat aber neulich gesagt, dass Weihnachten vor der Tür steht«, sagte ich zu Waldemar.

»Vielleicht hat er sich in der Zeit geirrt, mag sein. Aber auf jeden Fall muss Weihnachten irgendwann vor der Tür stehen.«

»Vielleicht eine gebratene Gans?« Waldemar hielt den Kopf schräg und legte die Stirn in speckige Dackelfalten.

»Und wie soll diese verdammte gebratene Gans vor

die Tür kommen?«, hab ich ihn angeraunzt. »Etwa auf ihren verdammten gebratenen Watschelkeulen?«

»Wer weiß?«, hat Waldemar geknurrt. Zwar nur halbherzig, aber immerhin.

Das konnte ich ihm nicht durchgehen lassen.

»Du bist ein Idiot«, hab ich gefaucht und das Knurren ist ihm im Hals stecken geblieben.

Er ist ein Stück von mir weggekrochen, halb auf dem Bauch, und hat mich in Ruhe seinen Napf leeren lassen.

Lieber Gott, hab ich gedacht, danke, dass du mich nicht als Dackel hast auf die Welt kommen lassen.

## 23. Dezember

Die Familie spielt verrückt. Es geht bei uns zu wie in einem Taubenschlag. Sie hasten an mir vorbei und machen diese geheimnisvollen Gesichter, die ich nicht ausstehen kann. Fränzchen klebt an den Türen und guckt durch sämtliche Schlüssellöcher.

Ich rühre mich nicht vom Fleck.

Alles scheint auf eine Zuspitzung zuzulaufen. Wenigstens verpasse ich draußen nichts. Es regnet, ist kalt und dunkel. Sogar die Vögel bleiben in ihren Schlupfwinkeln. Den ganzen Tag über brennt das Licht.

Die Schatten in der Diele wispern von Geheimnissen.

## 24. Dezember

Der Mann hat den Tannenbaum in einen geräumigen Kübel gepflanzt und ins Wohnzimmer gestellt. Die frische Erde riecht wundervoll.

Die Frau hat einen großen Pappkarton aus dem Keller geholt und Fränzchen hat ihn ausgepackt. In dem Karton waren bunte Glaskugeln und kleine Figürchen.

Ungenießbar, aber hübsch anzusehn.

Die Kinder haben die Kugeln und Figürchen in den Baum gehängt und Kerzen auf seine Zweige gesetzt.

Der Mann hat die Krippe aufgebaut. Ich habe versucht, mir eine von den Kugeln zu angeln, eine einzige nur, und den Schock meines Lebens davongetragen. Sie haben sich aufgeführt wie Drosseln, die ihr Nest verteidigen. Sie schrien und klatschten in die Hände und jagten mich aus dem Zimmer. Sogar der Mann!

Aus meinem Versteck unter der Garderobe sah ich, wie sie Päckchen ins Wohnzimmer trugen und unter den geschmückten Baum legten. Ein Satz und ich war bei den Päckchen und tippte eines vorsichtig an.

Wirklich vorsichtig.

Wie eine Maus, von der ich nicht genau weiß, ob sie tot ist oder unvermutet aufspringt. Und da haben sie wieder ihren Drossellärm aufgeführt und mich weggejagt.

Beleidigt habe ich mich zurückgezogen. Sollen sie doch alles diesem Weihnachten geben, hab ich gedacht.

Sollen sie mich anschreien und verscheuchen. Mir doch egal. Ich habe mich in Fränzchens Zimmer verkrochen. Da ist immer so ein Durcheinander, dass mich auf den ersten Blick keiner findet. Ich habe mich zwischen den Kuscheltieren und dem zerwühlten Bettzeug ausgestreckt und den Kopf an dem Teddy gerieben. Der riecht so tröstlich nach Fränzchen, eingetrockneter Schokolade, Joghurt und Filzstift. Es dauerte nicht lange und ich war eingenickt.

Oma und Opa kamen. Ich hörte ihre Stimmen, aber ich rührte mich nicht vom Fleck. Kaffeegeruch zog aus der Küche herauf, aber ich ließ mich nicht locken. Allmählich fiel draußen die Dämmerung. Und plötzlich bimmelte ein Glöckchen und sie fingen unten an zu singen.

Mein verletzter Stolz kämpfte mit meinem leeren Magen und meiner Neugier und schließlich kehrte ich ins Wohnzimmer zurück. Aber ich schaute keinen an, das nicht.

Ich sprang auf die Fensterbank und zeigte ihnen mein Hinterteil. Oma und Opa hatten das nicht verdient, aber ich sagte mir grimmig: Mensch ist Mensch. Im Grunde sind sie alle gleich. Elende Maulwurfdiebe, Vogelliebhaber und Katzenverjager.

Sie waren zerknirscht. Sie streichelten mich und stellten mir ein Schälchen mit Sardinen hin. Sardinen! In Öl!

»Frohe Weihnachten«, sagte der Mann und lächelte, wie er sonst nie lächelt.

So feierlich und irgendwie verlegen, so merkwürdig sanft. Dabei hatte er doch gerade noch mit mir herumgebrüllt.

Weihnachten?

Schlagartig war ich satt. Hatte ich ihn etwa doch verpasst? Als ich oben lag und schmollte?

Natürlich hatte ich ihn verpasst! Alle waren so merkwürdig aufgekratzt. Sie zündeten die Kerzen an, und dann machten sie die Päckchen auf und fielen sich gegenseitig um den Hals. Weihnachten musste da gewesen sein. Und deshalb hatten sie jetzt Freudentränen in den Augen.

Ich rüber zu Waldemar. »Hast du Weihnachten gesehen?«, fragte ich ihn.

Sein Fressnapf war leer. Waldemar leckte sich schadenfroh das Maul. »Hab ich«, brummte er.

»Und?« In der Aufregung vergaß ich ganz, ihn einzuschüchtern, und sofort bekam er die Oberhand.

Selbstgefällig und zufrieden saß er vor mir, keine Spur von Angst in seinen blöden Dackelaugen.

»Nun sag schon. Wie sieht er aus? Was hat er gesagt?«

Waldemar starrte dümmlich auf seinen Napf.

»Gebratene Gans«, sagte er und gähnte. »Genau wie ich vermutet hatte. Eine knusprig gebratene, appetitliche Gans. War übrigens gut. War ganz ausgezeichnet.«

Er redet oft so geschwollen daher. Dummschwätzer, dachte ich, Waldi, blöder.

Ich ließ ihn allein und spazierte bedrückt durch die Gärten. Alle hatten ihre Tannenbäume hereingeholt und geschmückt und die Kerzen angezündet. Sie sangen Lieder. Alle Lieder erzählten von Weihnachten.

Nach einer Stunde ging ich nach Hause zurück. So leicht lasse ich mich nicht unterkriegen. Wenn es stimmt, was sie behaupten, dann kommt Weihnachten ja wieder. Nächstes Jahr.

Und dann werde ich noch wachsamer sein als dieses Jahr. Ich werde mich direkt neben die Haustür setzen und aufpassen. Keine Mahlzeiten mehr. Keine Verdauungsspaziergänge. Keine Ausflüge an Waldemars Fressnapf. Nächstes Jahr, da entkommt mir Weihnachten nicht.

Monika Feth wurde 1951 in Hagen geboren, arbeitete nach ihrem literaturwissenschaftlichen Studium zunächst als Journalistin und begann dann, Bücher zu verfassen. Heute lebt sie in der Nähe von Köln, wo sie vielfach ausgezeichnete Bücher für Leser aller Altersgruppen schreibt. Der sensationelle Erfolg der »Erdbeerpflücker«-Thriller machte sie weit über die Grenzen des Jugendbuchs hinaus bekannt. Ihre Bücher wurden in über 20 Sprachen übersetzt.

Cornelia Haas, geboren 1972, absolvierte zunächst eine Ausbildung zur Schilder- und Lichtreklameherstellerin. Anschließend studierte sie an der Fachhochschule Münster am Fachbereich Design. Seit ihrem Abschluss als Diplomdesignerin widmet sie sich als freischaffende Illustratorin ganz ihrer großen Liebe – dem Illustrieren von Bilder- und Kinderbüchern.